오기화 시집

개미는 노동으로 외로운 문을 연다

개미는 노동으로 외로운 문을 연다

인쇄 · 2025년 10월 24일 | 발행 · 2025년 10월 30일

지은이 · 오기화
펴낸이 · 한봉숙
펴낸곳 · 푸른사상사

주간 · 맹문재 | 편집 · 지순이 | 교정 · 김수란
등록 · 1999년 7월 8일 제2-2876호
주소 · 경기도 파주시 회동길 337-16(서패동 470-6) 푸른사상사
대표전화 · 031) 955-9111(2) | 팩스 · 031) 955-9114
이메일 · prun21c@hanmail.net
홈페이지 · http://www.prun21c.com

ⓒ 오기화, 2025

ISBN 979-11-308-2334-8   03810
값 12,000원

- 저자와의 합의에 의해 인지는 생략합니다.
- 이 도서의 전부 또는 일부 내용을 재사용하려면 사전에 저작권자와 푸른사상사의 서면에 의한 동의를 받아야 합니다.
- 이 도서의 표지와 본문 레이아웃 디자인에 대한 권리는 푸른사상사에 있습니다.

이 책은 전라남도 전남 문화재단의 후원을 받아 발간(제작)되었습니다.

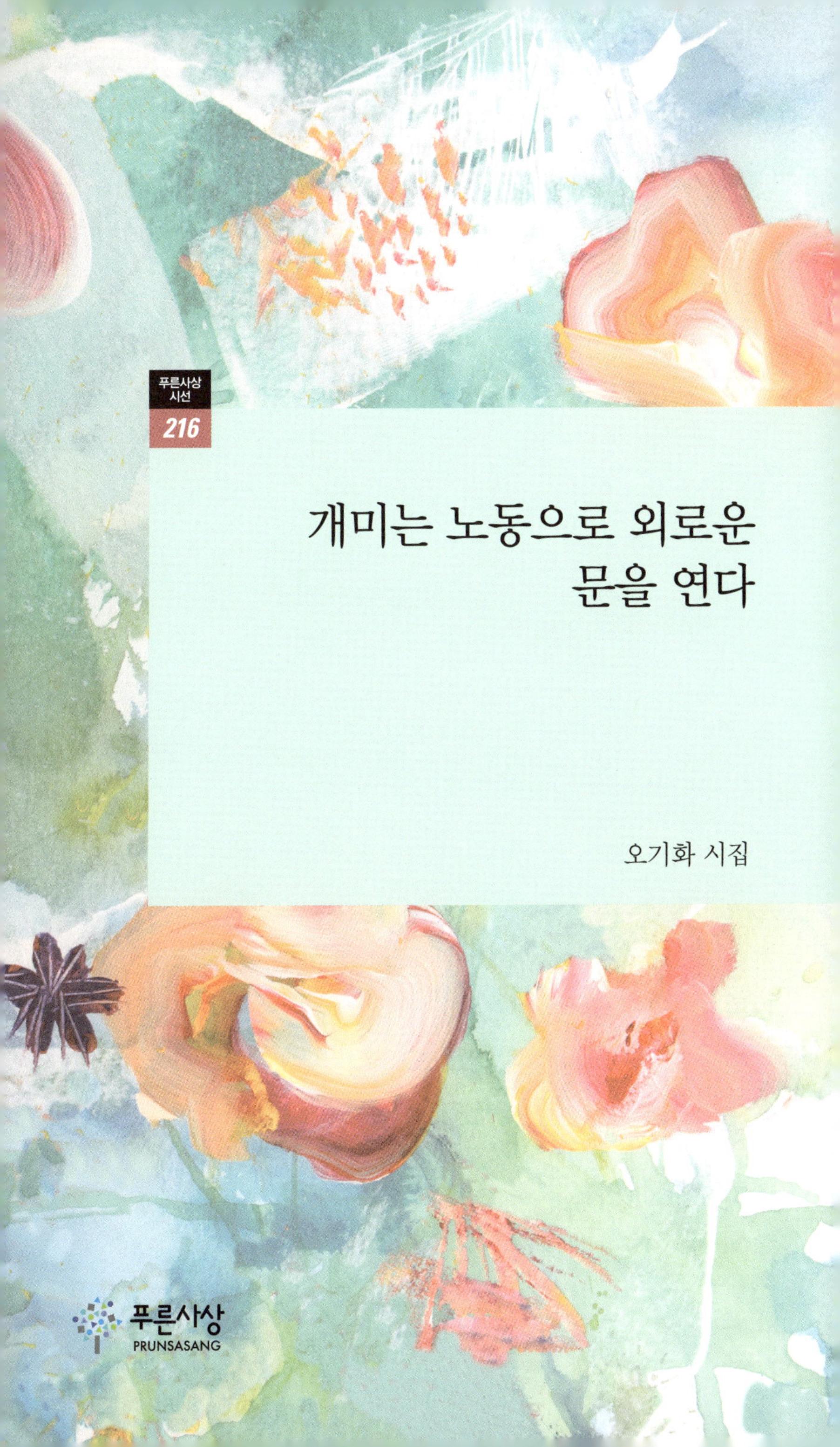

푸른사상 시선
216

개미는 노동으로 외로운 문을 연다

오기화 시집

푸른사상
PRUNSASANG

| 시인의 말 |

행복한 일만 남은 하루를
보낸 적 없는
도시 생활의 헛헛함
맑은 공기에 대한 그리움으로
산 가까이 귀촌
야생차 잎 따다 황차 만들고
낮은 곳에서 환한 채송화 가꾸고
텃밭에 먹을 양식 키우며
날마다 책을 만나는 일
비로소 나의 삶이다
지친 영혼 포옹하는 자연에서
이웃과 행복의 화음 맞추며
따순 가슴으로 자유와 존재의 의미를
시로 말하고 싶다
시는 내 삶의 완성

2025년 초가을
오기화

| 차례 |

■ 시인의 말

제1부 개미는 노동으로 외로운 문을 연다

개미는 노동으로 외로운 문을 연다	13
적요(寂寥)	14
백련	15
봄기운	16
비에 대한 개념	18
동백 숲	19
잡초 뽑기	20
백색소음	22
빗소리	24
비 오는 아침	25
산책	26
청개구리	27
뒹굴어보자	28
군자란	29

제2부 홍어가 먹고 싶은 날

호박죽	33
김치죽	34
박나물	36
바닥	37
홍어가 먹고 싶은 날	38
봉이네	40
상처가 들어오는 날	42
상처를 바라보다	44
젊은 눈길	46
목소리	47
순이야	48
발이 가렵다	50
채송화	51
남은 삶의 노래	52

| 차례 |

제3부 민주花

능소화	55
봄날 한 마리 새가	56
바람 부는 날	58
봄비에 젖지 마세요	60
시인의 시간	62
당신나무	64
겨울나무는 가고	65
안녕, 하늬 시인	66
민주花 1	68
민주花 2	70
전태일	72
상실 뒤	74
그냥 자	75
끝사랑	76

제4부 책 속으로 걸어간다

시집 가고 싶은 날	79
아랫목	80
어머니의 병실	81
엄마의 꽃	82
두 남자	83
지아의 말솜씨	84
아기가 나에게	86
명품길 지나며	87
국지성 호우	88
지친 하루의 일기	89
60대 인문학	90
휴일의 정점	91
독서치료	92
책 속으로 걸어간다	94

■ 작품 해설 비의 변증법적 변주―맹문재   97

제1부

개미는 노동으로 외로운 문을 연다

개미는 노동으로 외로운 문을 연다

초저녁 별빛처럼 외로울 땐 방문마저 닫자
수압이 빠져나간 체중을 끌고
어설프게 사람들 만나면 뭘 해
가서 괜한 웃음 주며 허물만 벗지
지독한 밤을 어리석게 기다려볼 일이다
가시나무에 걸린 한 줄기 바람이라도
문을 비집고 들어오면
고독 같은 비명은 일구지 않을 걸
거실 어딘가에 생의 무늬를 짜고 있는
벌레 한 마리 찾아볼 일이다
어느 날 오한(惡寒)의 아파트 울타리에 핀
장미꽃 넝쿨에 길을 내며
가난한 자리에 인계(忍界)를 꾸역꾸역 쌓는
개미의 분주한 눈을 애써 기억한다
편안하게 바라보고 있었던 그날

적요(寂寥)

깊은 밤 목마름에 깨어
작은 창 열어보니
풀벌레 소리 요란한 적막한 세상

따뜻한 황차 한 잔 내리고
대[竹]방석 놓인 의자에 기대 두통 삭이며
꿈에 못다 한 이야기 끄적여보네

산촌의 밤은
맑은 습(濕)과 소리, 부드러운 고요에
이야기를 만드는 산이 많네

백련

산사 언덕 고즈넉한 암자
혼자 오르니
연 봉오리에 맺힌 이슬이
반기는구나
이제 막 피워 오를 향기에
기쁜 순간 더했을까
진흙 속에서 오롯이 피는 고운 미소
환한 깨달음
초대받지 않은 이 세상에 와서
'참나'가 되어 살아가라
이르는 순간이어라

봄기운

서걱이는 바람 끝
잠자던 땅의 숨결 살아나
봄이 조용히 눈을 뜬다
동녘 하늘 환한 햇살이
초록 화분 비추면
멥쌀 찹쌀 흑미 섞고
서리태 한 줌 넣어 밥을 짓는다
동토 뚫고 올라 향기 머금은
머위순 무치고 여린 쑥국 끓인다
뜸들인 밥 솥뚜껑 열면
푸근한 내음에 취해
누구의 입으로 들어가든
영혼과 몸을 살찌울 기세다
봄을 맞아 산들에서 얻은 자연의
선물은 몸을 춤추게 한다
계절이 전해준 바람마저
마시는 비타민이다
듬뿍 봄을 먹는다

몸에서 엔도르핀이 솟는다
귀한 자연의 은혜로 살아간다

비에 대한 개념

소리 없이 비가 내린다
사람들이 듣고 싶은 음악을 연주하는 비

시골 일터 하우스 지붕 콩 볶는 소리
돔 지붕 때리는 소리, 나무 데크에 조용히 앉는
비 맞으며 지나가는 새의 신음

주황 마리골드 위에 앉은 노랑나비
코스모스 하릴없이 비에 젖는다
넘실거리던 나뭇잎 춤사위 사라지고

세찬 비가 내린다
촌각을 다투며 달리던 구급차 안
이 세상 손 못 놓던 그런 날

사는 동안 많은 비 맞아
포효하던 시절 혹 갔지만 오랫동안 비는
차갑고 무겁고 너무 어두워
멀리 작은 새가 외로이 비를 맞는다

동백 숲

바다를 껴안은 동백꽃이
갈색 솔잎 사이 흩어져 있다
사람들 발길로 윤이 난 길 따라
동백잎의 열정이 시들어간다
키 큰 동백나무 사이로 언뜻 보이는 푸른 바다
바닷소리는 내 안으로 들어와 거친 숨결이 된다
발걸음 소리 길 따라 해금강에 도착하니
병풍처럼 깔려 있는 푸른 절벽
파도를 가르는 보트가 명쾌한 길 만든다
탁 트인 마음 어디에 비하랴
깊이 들어갈수록 인적 드문 적막한 숲
솔잎으로 만들어진 융단 길에
사라지는 동백의 열정
헤어져야 할 거면 미리 손 흔들며 안녕하자
어쩌다 좋았다가
너는 너의 길, 나는 나의 길을
순리대로 가보자
여러 계절 지나가보면
구름 한 점 없는 맑은 하늘 바라볼 테니

잡초 뽑기

장맛비가 느리게 내리고
사무실 책상에 몇 시간 붙어 있으니
식곤증이 손님처럼 찾아온다
토시에 면장갑 찾아 끼고 꽃가위
우산까지 챙겨 들고 체험장 마당으로 나간다
여러 풀이 자갈을 뚫고 비죽이 고개 치켜들었다
요놈 요놈 하며 뽑다 보니
촉촉해진 땅인지라 두 팔 들고
항복하는 잡초, 틀밭으로 내려가보니
인조 잔디를 뚫고 나온 화가 난 풀
안간힘으로 씨름하다 뿌리로 딸려
들어갈 지경, 뿌리 가까이 가위질해가며
우두둑우두둑 잡아당겨보지만 끄떡도 않는다
어느 이의 모난 고집불통 같은 저항
풀도 살아남으려고
까칠한 인조 잔디를 뚫고 나오지 않았을까
세상 공짜는 없다는데
힘들이지 않고 얻는 건 잡초라 했는데

못 해보겠다 잡초의 드센 생명
안 뽑히는 건 그냥 놔두련다

백색소음

아침 계곡물 소리 담아
상추에 물을 주고, 꽃 가꾸기 하면
기분 좋아지는 날
묵묵히 한자리 지키며
살아가는 식물과의 교감은
편안하고 안정감 준다

대숲에 올라가 숨은 죽순 찾아
구수한 나물 요리
밭 감자 쪄서 이웃과 먹으며
반 고흐를 만나고
처음 재배한 상추 따다가
쌈과 샐러드 만들어 유쾌히 먹는다

풀숲 사이로 사그락거리는 나뭇잎
낮은 곳에서 휘파람 부는 풀잎들
마을 어딜 가나 들리는 계곡물 소리
아침저녁 기분 좋은 새 노래

귀산촌해 듣는 자연의 소리는
뻣뻣한 심신을 녹이는 치유 명상 음악

빗소리

휴지처럼 구겨진 잠에서 일어나
소파에 기대 앉으니
새벽 공기 싸한 농막에서
욕심의 양만큼 넣어놓은 냉장고
윙윙 신음 소리
밤의 고요에 시계는 또각또각
뾰족구두 소리마냥 예민하다
기지개 펴며 마음 가다듬고 손 모으니
가난한 마음 토닥거려진다
10월 달력 물끄러미 바라보다
방문 열고 나가니
앞산 뿌연 안개 속 마당 웅덩이로 떨어지는
빗물이 한가롭다
돌바닥에 지붕에 나뭇잎에 내리는
사심 없는 비의 두드림
처연한 음악 연주한다

비 오는 아침

기와지붕 위로 초연히 비가 오는 아침
아담한 시골 마을
돌담으로 쌓은 작은 화단에
빨간 튤립
분홍 꽃잔디
주황 철쭉이
정이네 어머니 닮아 단정히 피어 있다
담장에 기대 오롯이 서 있는
세월 담은 감나무
곡선 가지의 여운
저 멀리 산 능선에 운무가 거닐고
나무 꼭대기 새의 둥지가 뚜렷하다
조용하고 경계가 없는 마을
아랫집 두 집 며칠 주인이 보이지 않는다
작은 새 두 마리 나란하다
한 마리가 다른 집 감나무로 날아가 앉았다

산책

한적한 마을 길 걸어간다
들판 곡식들은
수확을 끝내고 볏짚으로 누워 있고
새들은 먹이를 탐한다
사람 발걸음에 우르르 떼 지어 떠난다
산새 소리 경쾌하고
개울 물소리 옅어진 시월 중순
한 농부가 자투리땅에 심은 토란을 캐고 있다
마을 길 접어들어
정원이 잘 단장된 기와집 지나니
금목서 기품 있는 향기가 코를 자극한다
돌아가는 길 차밭 옆
은행나무 황금알이 빛나고
소나무는 언제 봐도 의젓하다
황금빛 논 자리 퇴색하기 시작하고
변함없이 일만 하는 마을 반장 낮날이 바쁘다

청개구리

자유를 갈구하는 마음 여린 청개구리
체험장 바닥을 펄쩍 뛰어다닌다
창문에 앉아 인사하고
재활용함에 살짝 앉아 쉬기도 하고
사무실 앞에서 위태롭게 지켜본다
어느 날은 취사장 안에 메말라 죽어 있다
실내로 들어온 청개구리
평소 만지기 꺼리는 일이라도
두 손 모아 조심스레 싸서 기도와 함께
마당 풀밭에 가만히 떨쳐놓곤 한다
화단 물 주려 할 때 어김없이 나타나는
청개구리, 모든 곳이 서식지 같겠지만
아닌 곳은 가까이하지 마라
의미 없이 죽을 수 있으니

뒹굴어보자

마음 가는 대로 뒹굴어보자
편한 대로 뒹굴어보자
잠자리에서 늦게 일어나고
굳이 아침을 먹지 않아도 되는 날
꿀 탄 청국장 가루 한 잔
사과 한 조각 먹고
읽고 싶은 책 읽으며 뒹굴어보자
별일 없는 감사한 하루 맞이할 때
앞산 능선 오롯이 서 있는 나무를 기억하자
누구인들 힘들지 아니하리마는
잊고 사는 소중한 그 무엇이 있으리니
힘든 이웃 생각하며 나를 바로 세우자
이 땅은 수고하는 자들의 안식처
햇살 좋은 날 나무 그늘 의자에 앉아
지나온 고통의 시간에 감사하며
나를 일으켜 토닥거리며 나아가자

군자란

손톱처럼 살뜰히 챙긴 적 없는데
잊지 않고 있었구나
예정일 없던 병실 침대 뭉개고 돌아온 날
베란다 귀퉁이 작은 화분 하나
두 송이 꽃대가 올라와
주황빛 희망을 틔우고 있다
어머나
할 일 제치고 간호하겠다던
스물한 살 큰아들만큼이나 따뜻한 미소
나를 지키는 손길 지나친 그 자리
뭉그러진 칼날에 의지를 세우듯
저토록 말간 주황으로 고결히 빛나는구나

제2부

홍어가 먹고 싶은 날

호박죽

온 가족이었던 때
빛깔 고운 호박죽 맛나게 끓여 먹었지
시골 삼촌이 보내준 호박을 그이와 같이 손질하고
찹쌀가루 빻아 새알 빚고 팥을 삶고 호박죽 끓였지

시골 마을, 맘씨 좋은 아랫집 숙이네가 준
말끔히 손질한 빛깔 좋은 노란 호박색 선명해
잘 익은 살구처럼 예뻐 입맛부터 다시게 한다
곰솥에 한 솥 끓여 아파트 이웃과 나눠 먹던 정(情)

이제는 간단하게 요리해 동네 이웃과 나누어 먹는다
호박을 푹 끓인 다음 뭉그러지면 담가놓은
찹쌀 넣고 오래 끓인다
마음 맞는 당신처럼 입맛에 딱 맞다

어쩌면 껍질 벗긴 호박색은
당신이 나를 향한 고운 마음이고
오래 끓여도 변함없는 예쁜 빛깔은
당신을 향한 나의 마음이오

김치죽

가끔 비위 상한 일이 있을라치면
간단히 해 먹는 음식이 있다
디포리 몇 개 툭
다시마 조각 툭 넣어
물이 팔팔 끓으면
익은 김장김치 뚝뚝 썰어
불린 찹쌀이나 식은 밥 넣고
넉넉히 끓이다 보면
먹기 좋게 부드러운 김치죽이 된다
반찬은 필요 없다
큰 보시기에 담아 숟가락 들고
책상에 앉으면
한 편의 시가 잘 읽히고
한 편의 치유 그림이 잘 보인다
마음 안정과 자비심이 생기고
돋아난 혓바늘도 들어간다
칼칼한 김치죽은
부드럽게 목을 넘어가

답답한 속 시원하게 풀리게 한다
세상 미운 사람 물리치고
우울감 더는
내게 너무 특별한 음식이다

박나물

심술궂은 놀부에 쫓겨난 착한 흥부가
부러진 제비 다리 돌봄으로 기적의 박을 탄다
박을 타자 박을 타자 정성껏 박을 타자

말로만 듣던 박을 평소 말이 없는 마을 주민에게
두 차례나 선물 받고, 시골살이 선배가 알려준 대로
박나물을 해 먹었다

처음은 맑은 나물을, 다음은 햇빛 좋은 날 말려
초고추장에 버무리고, 들깨 넣은 나물로 조리하니
박나물 특유의 향에 꼬들꼬들 고소한 맛이 일품이다

박나물은 60대에 귀촌해 발견한
순수로 가는 입맛, 가버린 님이 계절 찾아
좋아하던 추억의 음식

바닥

잘생김이 마음의 빛을 담진 못하고
말솜씨가 믿음을 안겨주진 못하더라
옷차림이 멋짐을 보장하지 않고
웃음이 속마음을 감추기도 하더라

친절은 바람처럼 스쳐 지나가고
예의는 겉옷처럼 걸쳐 있을 뿐

사람마다 다른 마음 무늬결
자기보다 약한 이를 대하는 모습에
본심이 드러나고 흔적을 남긴다

눈빛과 말로 불손함 털어내려 하지 마라
그건 쌓인 먼지를 훑는 것일 뿐
영혼의 깊은 곳, 기억 속 흔적은 여전히 남아
살다 보면 사람의 바닥이 보일 때가 있다

홍어가 먹고 싶은 날

괜스레, 홍어가 먹고 싶은 날이 있다
눈이 동그랗고 예쁜 동네 숙이가
밝고 환한 얼굴 되어 카페로 들어온다
뒤따라오는 남자의 얼굴은 산골에
숨어 사는 효자처럼 선하게 생겼다

고소한 드립커피 두 잔을 내린다
경칩을 앞둔 2월, 때아닌 눈보라 휘날리고

숙이의 뽀얀 얼굴에
평소 즐겨 먹지 않는 홍어가 생각나
갑자기 먹고 싶어진다
"왜일까 홍어가 먹고 싶네"
큰 눈 마주치며 연거푸 웃어댄다

"어떻게 아셨어요. 목포에서
흑산도 홍어 정식 먹고 온 것을"
차 트렁크에 지인들에게 줄 홍어회 실어놨다며

얼린 회 상자 뜯어 한 접시 덜어온다

오메, 입덧하는 이는 서울 사는 며느리인디
갱년기 뜬금없이 홍어가 먹고 싶을 때가 있나 보다
명성 높은 홍어를 빨간 초장에 한입 가져가니
때아니게 내리는 눈발이 핑크빛이다
코끝이 찡하게 맛나다

봉이네

산 아래 이사 와 고요와 집중의
시간을 보낸 지 넉 달이 되어간다
"저녁은 먹었는가, 언제 내려온가
우리는 모여서 먹고 있는디, 기다릴겨"
평소 다정한 아랫집 언니가 수화기 너머로 마음을
들썩 두드린다
밤늦게 도착하니

이웃들 어우러져 직접 잡아 끓인 메기탕에
약초주 오가며 이야기꽃 한창이다
밥을 먹었는데 구수한 유혹에 국물과
메기살 볼가 먹는다
텃밭에 키운 불미나리 넣어 더 향긋한 맛
피곤이 몰려와 먼저 나오는 길
세 끼니 먹을 양 챙겨준다
듬직한 메기살이 몇 개나 있어 놀랐다

보름 후 일 끝나고 오니

문 앞에 큰 냄비가 놓여 있다
미안한 마음에 오리고기 사 올까 했는데
직접 끓인 오리탕 또 먹고 말았다
터 잡은 후 건넨 이웃 인정은 끝이 없다
양파 마늘 고사리 감자 미나리 상추 고춧가루
가지 오이 토마토 옥수수 고구마대 깻잎

아담한 뒷산 새들이 여느 때처럼 몰려와 놀고
담과 대문 없이 먹을 것 나누는 사이
가만 보면 밖에 나가 미장일도 척척
남편 잘 보살피고 힘든 농사일도 척척
늘 정원에 꽃이 만발해 지나는 길 쳐다보게 되는
서로 맘 통하는 오 씨 일가다

상처가 들어오는 날

살아가다 보면
불쑥 찾아드는 상처가 있다

그런 날이면 며칠은
살맛도 입맛도 잃고 만다

편견과 선입견으로
무시와 왜곡을 서슴지 않는 이들을 만나면
몰래 가슴 저리고 눈물이 난다

그러나 그것 또한
존재의 가벼움일 뿐이라 생각하리

누군가의 민낯과 바닥이 드러나는 날
바닥을 치고
바닥을 딛고
다시 일어날 수밖에 없으니

자신도 모른 채 던진 막말
존중을 잃어버린 허세
얄팍한 우월감은 결국
상처가 되어 그에게 돌아가리라

남에게 준 아픔은 메아리 되어
업처럼 따라붙는 인생이려니

상처를 바라보다

살다 보면
내 잘못이 아닌 자리에서
불행이 문을 두드릴 때가 있다

엄청난 수압처럼 밀려오는 벽
남의 허물 쉽게 보면서
자기 허물은 보지 못하는 간격 속에
진실마저 의심하는 사람들 앞에 서면
마음 깊은 고요가 무너져 내린다

상처가 가슴에 스며들면
단단히 쌓은 의지는 휘청이고
열정도 빛을 잃는다
너무 흔들리다 작아진 나는
투명 인간이 되고 싶어진다

짓밟히고 무너진 틈 사이에서
희미하게 들려오는 목소리

"괜찮아, 여기까지 잘 왔잖아"
누구의 기대도 아닌
내 안의 내가 건네는 위로
스스로를 토닥이며 천천히 노를 젓는다

평화는 멀리 있는 게 아니다
넘어선 상처의 벽 뒤
한 줄기 빛이 인도하는 길목에서
나를 기다리고 있다

젊은 눈길

희고 긴 다리를 가진 여자가
발랄하게 지나간다
긴 웨이브에 머리띠까지
빨간 사과 빛처럼 상큼하다
핫팬츠에 청재킷 휘날리며
왼쪽 품에 책을 끼고 가을 속에서 나타났다
하얀 안전모 신호수 아저씨
도로공사 길에서 전자 방망이
위아래로 흔들다 쭉 뻗은 다리로
눈길 옮겨간다
방망이는 계속 움직이고
고개는 90도로 꺾였다
러시아워 차들도 유심히 지나가고
나도 그녀의 다리를 운전석에서 본다

목소리

당신의 목소리는 안녕하십니까
당신의 표정은 안녕하십니까
온갖 세월의 때 다 묻어 있는
거친 목소리 들으면 한없이 슬퍼집니다
목소리는 당신이 누구였는지
어떤 사람이었는지
묻지 않아도 알려줍니다
나는 '이런 사람이에요'
무엇을 하며 어떻게 살았는지
다 말해줍니다
스스로 표정을 보지 못해도
목소리는 당신 안의 당신을
그대로 내비쳐줍니다
온화하게 차분하게
친절하게 말하다 보면
아름다운 당신답게 얼굴이 변합니다
참 얼굴 인상이 됩니다
다정한 인격이 보입니다

순이야

순이야,
보고 싶은 순이야
거기서는 아프지 않은 거야?
예쁜 우산 들고 환히 웃던
사진 속 너의 모습이 떠오른다

뚜둑 뚜둑 빗방울이 떨어지는 날에도
"숙아, 놀자 빨리 나와 대문 앞이야"
늘 들리던 다정한 음성
하얀 칼라 곱게 단 여중생 교복에
자주색 가방 들어주던 따뜻한 배려

예고 없이 전화 속으로 들리던
순이 언니의 긴 절망의 숨소리에
기절하고 말았다
휴일 물어물어 찾아간 산속
공허와 무상의 자리

노란 나비 몇 마리 찾아와

주위를 맴돌고

속절없이 떠났어도

감동의 영화 한 장면처럼 남으리

선한 눈웃음 따뜻한 마음

발이 가렵다

한밤중 누운 자리서
발이 가렵다
이른 아침부터 키보드를 두드리다
태워버린 갈치조림 냄비에 대한
서운함도 잠시
무심히 새치만 늘리며 지나는 시간이
나무 옹이가 되어 만져진다
시계침이 L자로 곤두선다
면도날을 잡는다
제 살이 되지 못하고
돌아와 앉아버린 불안한 만남
이 밤 고요를 깨는
무기가 되어야 하리
오늘따라 칼날이 무디다
발바닥 옹이에 칼을 그으며
둔탁한 요즘 심정
예리하게 깎이고 싶다

채송화

'잘 되거라' 쓰인 편지 봉투에 담겨
먼 곳에서 날아온 정성
어릴 적 슬레이트 지붕 아래
떨어지는 빗물 마시던 마당의 낮은 꽃
순진한 아가씨의 여리고 다부진 마음 닮은 꽃
언 땅 파내기 아쉬워 3월에 뿌린 작은 씨
6월에야 맑은 싹 볼 수 있었네
출근길, 땅 가까이 고개 숙여 자주 인사했지
언제 만날 수 있냐고 '나를 기다려줘'
천천히 느리게 조심스러운 몸은
7월에 화들짝 피어 놀랐지
여린 노랑 노랑 빨강 주황 여린 주황
연분홍 분홍 진분홍 흰 꽃 겹꽃으로 피어
지나는 발길 멈추게 하는 소담한 기쁨

남은 삶의 노래

황무지 개간하듯
거칠어진 마음 밭 가꾸며
살아왔다
쉼을 원할 때
내면의 나를 읽는 시간에
돌아온 생은
나를 느리게 깊게 쳐다보며
가슴 아린 노랠 부른다
시의 노래는 나에게
삶의 의미를 확인하는 여로
불러도 응답 없는 님이
꿈속으로 찾아와 말을 걸고
따뜻한 눈빛 보내니
아직은 그래도 살 만하다

제3부

민주花

능소화

어여쁜 님 오실라
담장에 올라
먼 길 치어다보고
지치면
장독대 벗 삼아 기댄 채
님의 영광 기도하며
피어난 주황빛 열정
어느 여인의 고귀한 그리움인가

봄날 한 마리 새가

돌아오지 못할 강 나섰을 때
비가 차창 밖을 억수로 때렸지요
왜 그리도 비는 그날
원통한 자의 콧물 눈물 섞인 비애처럼
가슴을 후비었을까요

'무기여 잘 있거라'
소설 마지막 장면처럼
사랑하는 이가 병상에서 눈을 감고
한 남자, 비 오는 거리 너털너털 걸어가는
모습처럼 운명의 마지막인 양 내렸지요

돌아오지 않을 망망대해 건너는 이의 심정은
오직 비통하고 참담했을까요
영면의 길 떠나며 건넨 그날의 기도가
지금의 행복감으로 바뀐 걸 느낍니다
맑은 봄날, 산과 인접한 창을 여니

지지배배 노래하는 작은 새 한 마리가

처마 끝에 앉아 바라보는 아침입니다
유서 깊은 시골 조용한 동네로 이사 와
사는 행복을 당신이 주었다고 생각하지요
한결같이 지켜보는 님께 시로 보답할게요

다 쓰지 못하고 간 아쉬움
그 몫까지 시를 써야겠지요
봄날 한 마리 새로 화답하는 마음을
읽으며 나를 봅니다
한없이 다정다감한 마음 전합니다

바람 부는 날

바람이 불어요
어둠을 무너뜨리듯
세차게 어지럽게
오월 찔레향 너른 들판
한숨 없이 잠든 영혼 찾아갔어요

"꽃다운 나의 청춘
너무나 아쉬워
푸른 스카프를 목에 걸치고
나는 사월만 되면
혁명을 하고 싶다"던 당신

남은 사람만 편안한 숨 쉬고 있기에
너무나 미안해요
볼 것도 들을 것도 먹을 것도 많은
거뜬한 세상 뒤로한 채
어쩔 수 없이 돌아누운 한 사람

바람 부는 날

푸른색과 노란 유화(油畵)로 그려봅니다

봄비에 젖지 마세요

여보, 당신이 두고 간 눈물처럼
비가 와요

첫째 시동생이 피와 눈물과 땀으로 일군
공장 확장을 기념하기 위해 화성 다녀와요
당신의 손길처럼 두둑하게 용돈을 챙겨준
성의에 정말 고마웠어요

뿌옇게 안개가 끼고
고속도로를 달리는 지금
저 산, 산 너머 어디선가 당신은
봄비 시를 쓰고 있겠지요

당신에게 봄비란 무엇일까
나에겐 봄비란
돌아서지 못하는 당신의 발자국이에요
당신이 두고 간 가슴으로 쓴 시예요

여보, 봄비에 너무 젖지 마세요
당신이 위험한 순간에는 늘 비가 내렸어요

시인의 시간

참을 수 없었던 고뇌의 시절이
지나고 보니 그 시간은
인내의 꽃으로 고귀했습니다
사랑하는 이를 만나러 갑니다
언제나 가는 길이 쉽지 않지만
마음 담은 꽃바구니 만들어 앞에 놓습니다
깊은 번뇌와 통증 안고 차마 떠나지 못해
눈물 보이던 모습 가슴에 묻고
천둥 치고 비가 쏟고 밝은 하늘 보이는 이상한 날
노란 농막 한쪽에 자리 잡고 앉아
남기고 간 시를 덤덤히 읽습니다
잘 듣고 있는 노래가 시간에 맞춰 끝나버리는
아쉬움 없는 휴일, 자유롭고 차분합니다
당신은 참으로 대단한 사람이었지요
날밤 지새우며 담배 연기 자욱한 곳에서
꿈쩍도 않고 시를 썼으니 말입니다
이른 아침 방문을 열면
하얀 담배 연기 구름처럼 모여 있고

밤새 써놓은 시를 읽어주며 어떠냐고 물었지요
'그냥 그래요' 말했다간 서재에서 나오지 않을까 봐
'아주 좋아요' 연발하며 안아주었죠
그런 당신, 지금 어디서 또
밤을 지새우며 시를 쓰고 계신가요
시 쓰기가 삶의 의미이자 희망으로
당신답게 사는 일이었어요

당신나무

여보, 아파트 베란다 흰 기둥에 기댄 녹보수가 날 바라봐요 저 나무로 말할 것 같으면 한 15년은 되었을까요 거실 창가에 두고 10년 넘게 키워도 세 살 아이 키처럼 주춤거렸는데 깜짝 노란 꽃을 피웠어요 잎도 많지 않은 작은 체구에서 꽃을 보니 상서로운 기운이 느껴졌어요 신비롭게 꽃이 핀 후, 꿈 해몽처럼 좋은 선물이 전해졌어요 두 번 다 당신의 명예를 찾게 되었지요 처음엔 세 송이가 몰래 피어 있고 다음은 불면의 밤을 보내고 아침을 맞이할 때 이끌림으로 다가가니 우리 가족처럼 네 송이 올망졸망 붙어 있었지요 잠결에 본 보라색 도라지꽃들이 묘역에 환히 피어 있는 기쁨처럼 말이에요 시간이 지나 노란 꽃 떨구고 제법 꼿꼿한 자세로 키가 커졌어요 잎줄기는 무희의 손끝처럼 우아하게 늘어뜨리고 위로는 오롯한 새순이 몇 가닥 올라 생기가 보여요 나무 이름을 그때부터 당신나무라 불러요 이름도 정겨운 당신나무!

겨울나무는 가고

발걸음 소리 그리워
씰룩거리며 웃는 모습 보고 싶어
담배 물고 한쪽 어깨 처진 채
총총히 걸어가는 뒷모습
담배 연기로 서재 책 표지 그을린 역사
괜스레 웃음과 눈물이 섞이네
하늘 바라보니 조각구름 흘러가고
찰진 밥 아니라고 외식 후 돌아와
깊은 밤중 부엌에서 요란한
딸각딸각 압력밥솥 추 소리
김치 담근 날 쭈그리고 앉아 벌린 입에
한 보쌈 주면 씨익 웃고 톡톡
아파트 복도를 지나오는 걸음은
여지없이 담배 향 함께 들어오고
시계처럼 정확한 집밥 인생
겨울나무는 가고
봄나무들은 꽃을 피우며 살고 있다

안녕, 하늬 시인

보고픈 시인님, 여기는 땡볕에서
당신이 좋아하는 꽃이 피고 있어요
채송화 꽃칸나 마리골드 능소화 백일홍
무궁화 자귀꽃 백련 달리아
멀리 떠난 7월 즈음, 무슨 꽃이 피는 줄 몰랐어요
좋아하는 분홍 향장미 장마철 폭우에
두 봉오리 시달리더니 아침 햇살에 활짝 피어
찾는 이 없어 가난한 제 생일을 반기더군요

서재 서랍을 열어보고 깜짝 놀랐어요
식당에 수저 가져가지 않을게 분노가 치밀면
잠시 생각해볼게 줄담배 줄이도록 할게 밤새워
시 쓰지 않을게 간 수치 검사받으러 잘 다닐게
여러 이유로 쓴 각서가 수북했어요 쪽지 끝마다
'매향 늘 사랑해!' '고마운 마음 잊지 않을게!'
제대로 지켜진 게 없었어요
패션 감각도 엉망이라 말하지 않으면
여름 날씨에 긴팔 니트 티 입고 다녔죠

시골 생활 아버지가 화단에 풀을 베라 하니
국화잎까지 말끔히 잘라놓고, 구둣솔 같은
머리카락은 대쪽 같은 성품을 대변하지요
전구가 고장 나도, 못 박는 일 생길 때도
여린 제가 나서서 할 수밖에
제일 잘하는 건 골방에 들어앉아 원고지에 글쓰기
이 저녁, 엄지와 중지 사이 담배를 꼬나물고
시 쓰기에 여념이 없겠지요

하니 시인의 부재는 나의 길고 긴 한숨
모쪼록 머무는 곳 몸조심하고 평안하시길 기도해요
살면서 힘들고 큰일이 있을 때마다 당신을 느껴요
안녕, 생각하면 눈물 나는 내 사랑!

민주花 1

육십 가까이 살아도 한적한
꽃구경 한번 못 했거늘
봄빛에 젖어 화사한 마음으로
하릴없이 걷고 싶다
기나긴 침묵에 활짝 피어난 환희
눈을 들 수 없게 밝은 5월 봄빛에 놀란다

잠시 먼 산 만끽하던 빛을 좇아
늦을세라 서둘러 퇴근길 걸어본다
오랜만에 보는 연분홍 벚꽃이 지천
꽃길에 둘러싸일 때가 언제인가
분명 밝고 맑은 봄은 왔건만
눈이 부신 날 마냥 웃을 수만은 없다

꽃그늘 아래서 마음이 점차 굳는다
아시아 저편에서의 처절한 외침과 사투(死鬪)
민주로 가는 꽃 미얀마
잔인한 폭력에도 더는 희생 없이 피어나길

80년 민주화 물결이 기억되는 날
봄빛조차 무시하는 코로나19

또다시 저 멀리 민주花가 핀다
좁은 문으로 가는 길이 멀고 험해도
분명 때는 가까이 오리니
순수로 가는 가시밭길 활짝 열리길

민주花 2
― 오월 영령들께

피로 물든 오월의 나무 숲
5·18 그날의 아픔, 안식과 평화의 꽃으로
곁에 영원히 머무소서

처참한 상처 이유 찾지 못하고 유린당한 원혼
오월 들판이 전하는 고요한 향기 때죽나무 꽃
고개 숙여 참배하고, 피 맺힌 절규에 찔레꽃잎 떨굽니다

잊고 산 45년 세월에 자란 기억의 청년이 찾아옵니다
아버지 어머니 들리시지요
밟아도 밟히지 않고 굴하진 않았던 이들의 저항

그날의 뜨거운 함성, 지고지순 민주 열망의 꽃
선홍빛 철쭉, 꽃피우지 못하고
꺾이고 짓뭉개진 뼈아픈 역사

남은 자의 가슴, 울음으로 피멍 들어 기나긴 세월
가슴 치는 통곡 치가 떨립니다

오월의 땅 광주에 뿌려진 고귀한 선혈이

꽃으로 피어 민주花가 됩니다
예고 없는 황망한 이별로
못다 넘은 눈물고개, 부디 편히 영면하소서

전태일

아, 전태일
뼛속까지 타들어 가는 고통, 거룩한 희생
1960년대 청계천 피복공장 구멍만 한 창(窓) 하나
먼지 속에서 젊은 여공이 각혈을 해 즉각 해고되고
청년은 차비를 아껴 같이 일하는 동료들에게
풀빵과 도시락을 나눴지요

열다섯 시간을 일하고 받는 저임금
하소연할 데 없는 노동자의 인권 위해
아무도 스스로 하지 못할 불꽃을 몸에 피우며 외쳤어요
"근로기준법을 준수하라, 노동자를 혹사하지 말라,
일요일은 쉬게 하라"
스물두 해의 마지막 청춘은 그렇게 세상을 깨우고
나태한 의식에 숭고한 불씨를 남겼어요

비바람 몰아쳐도 차가운 눈보라 속에도 꺼지지 않을
혁명의 불길
후끈 달궈진 프라이팬 잘못 만졌을 때

화기에 놀라 튀어나오는 외마디 아, 전태일
열사의 이름을 부르고 말아요
고귀한 하나뿐인 목숨, 한 번뿐인 삶

정의를 위해 나를 희생하는 위대함
아무나 할 수 없을 거예요
벌렁거린 심장의 아픔 조여오는 뜨거움
안은 채 죽음으로 외쳤던 노동자의 권리
참담한 노동 현실에 타는 불꽃으로 사랑의 종 울리고
떠난 죽음을 헛되이하지 않을 거예요
아, 전태일 열사!

상실 뒤

꿈결같이 흐르고
뼛속까지 바람이 불어와
잊혀져가겠지만
다시 보고 싶은
고향 돌담을 비추는 3월의 햇살 같은
사랑은
은은한 녹차 향과
식을 줄 모르는 긴 대화
부드러운 눈맞춤과 포옹
너와 나
나와 너
편안하고 단단한 약속
눈 밖의 사라짐은
없음의 확인이 아닌
지구를 돌아 돌아 이어지는
영혼의 긴 끈
씨실 날실로 청실홍실
다시 짜는 운명 같은 매듭이어라

그냥 자

무심히 흘러간 세월 사진 속 열정들
속내 감춘 도도한 강물처럼 빛나던
청춘은 모두 어디로 갔는가
봄비 오는 날
가고 없는 이의 눈길이 처연히 머문다
노자(老子)를 읽으며 잠시 위로받고
님이 좋아하던 알람브라 궁전의 추억과
노예들의 합창을 듣다가 듣다가
잠 못 이루는 밤이 되면
자주색 낡은 상자 열어젖힌다
세로줄로 쓰인 누런 시집을
가만가만 넘기고 만지작거리다
옷장을 정리한다
남은 이의 눈길이 심란하지 않게
그 길이 어디라도 잠든 채 그대로
따라가고 싶은 마음 굴뚝같은데
새벽님이 찾아와
옆구리 콕! 찔러
"그냥 자" 한다

끝사랑

 나의 끝사랑은 언제일까 티브이 돌싱들의 '끝사랑' 프로를 보다가 지나간 날 더듬는다 믿기지 않은 벼락이 치고 하늘이 노래진 절망, 강산이 세 번 바뀌어 사람보다 사랑보다 일이 먼저다 갈수록 사람에 대한 온화함 신뢰 좋은 감정 사라지고 동행 속 고속도로를 달리는 것보다 시골 구불구불 오솔길 혼자 걷는 것이 편하다 좋아하는 꽃 차 책과 함께 못다 한 이야기 나누며 나의 길 가련다 더는 몸이 일을 원하지 않을 때 첫사랑으로 돌아가리라 설령 좁은 문일지라도 자유로이 선뜻 돌아가리라

제4부

책 속으로 걸어간다

시집 가고 싶은 날

해가 가도 낡지 않은
새 책 같은 당신을 보고 싶다

울컥울컥 한 컵 물을
들이켤 힘도 없는 날

부드럽고 따뜻한 정(精)으로
곁에 오래 머물고 싶다

방개 방개 풍선 휘날리며
떠나는 웨딩카 좋아 보이는 날

차가운 정적 안고
내나로도로 떠난다

스스로 어깨 다독이며
비인 바다에 머리 맞대러 간다

아랫목

뼛속까지 파고드는 추위에
뜨끈한 온돌 아랫목 찾아드니
그 온기가 너무 그리워
가만히 바닥에 등을 뉘었어

거기엔
아주 어릴 적 외할머니가
골마니 속에서 몰래 꺼내주시던
눈깔사탕 맛이 들어 있고

잃어버린 애착, 엄마의 포근한 젖무덤이
숨어 있고 파라다이스를 꿈꿀 기회가 있는 곳
뻣뻣한 시신에 대한 염을 해줘야 하는
잔인함이 공존하는 곳

어머니의 병실

어머니의 사랑은
손상된 어깨 기역 자로 굽은 허리 고불고불 굽은 손마디
다 닳아진 무릎 연골 노년기 통증과 신음이다

간밤 우두커니 깨어 있는 어머니
인공관절 무릎 주무르며 꺾어져야 집에 갈 텐데
농한기 맞아 먼 곳에서 찾아온 뼈아픈 휴식 아닌 휴식

어머니의 사랑은
변함없이 자신만 아는 철없는 남편 다독이고
온몸 부서진 줄 모르고

알뜰살뜰 농사일 자식들 챙기며
은혜롭게 살아온 길이다
눈물로 갈아 만든 진주 반지다

엄마의 꽃

엄마의 생일날
시골집 향해 가다 보니
밤꽃이 흐드러지게 피었다
눈길 따라 하얀 떼구름 장관

동네 마을회관 화단엔
둥글게 둥글게 접시꽃이 피어 있었다
빨간색
자주색
흰색
분홍색
노란색
주황색

엄마의 생일은
밤꽃과 접시꽃이 피는 계절
왜 몰랐을까

두 남자

호우주의보가 내린 4월의 금요일
복내 장에서 사 온 생조기, 동네 숙이가
준 생고사리 꺼내 손질 마친다
익숙한 양념으로 조물조물 손맛을 더하고
불에 안친다

아부지가 시골서 제일가는 손맛
엄마가 끓여주시던 조기탕을
소주잔 곁들여 생각 많은 표정으로 드시는 걸 보았다
음식 까탈스런 남자도 입맛부터 다시던 추억

보글보글 끓인 조기탕을 누군가와 나눠 먹고 싶은데
밖에는 연신 비가 오고, 어디서 들려오는 소리
'그냥 혼자 먹어'

문득 '나 예 두고 어디 갔나' 노래 가사 떠올라
선한 이미지 남자 가수의 노랠 찾아 들으며
눈가 이슬 맺히는 사이 배불리 그릇을 비웠다

지아의 말솜씨

웃으면 초롱초롱 반달 모양 눈
볼과 입가에 쌍보조개 피는 여섯 살 지아
오랜만에 시골집에 왔다

손녀의 사진 앞을 오가며
늘 말을 걸었던 보지 못한 시간의 양만큼
안아주었다

침대에서 잠들 때까지 눈 맞추며
이야기 나누고 볼 때마다
첫사랑의 설렘과 느낌보다 더한 살붙이

저녁 잠자리에 콩쥐팥쥐 동화를 꺼내
주거니 받거니 읽고 나서

어떤 생각이 들어요?

팥쥐, 팥쥐 엄마가 나쁜 사람 같아

동화 속에 나오는 사람들에게
하고 싶은 말이 있어요?

팥쥐야, 너 콩쥐한테 괴롭히지 마
이제 괴롭히면 절대 안 돼
괴롭히면 나한테 혼난다

콩쥐야, 많이 속상하지
그럼 먼저 빨리 달려가서 뺏어 꽃신을
"내 거야" 하고 소리쳐

팥쥐 엄마, 너가 제일 나빠
콩쥐 좀 괴롭히지 말고 도와주라고 좀
콩쥐도 괴롭힐 수 있어. 조심해!
갑자기 손을 잡아끌며
"소원이 이루어진 대로 가자"

거실에 놓아둔 싱잉볼 치며
불쌍한 콩쥐 위해 기도하고 싶은 손녀

아기가 나에게

눈부신 날 나무 그늘에 앉아
파란 하늘 쳐다본다
한 발 한 발 내디디며 걸음마 시작하는
아기에게, 부모가 웃음과 손뼉으로 맞이하던
그때를 생각하며
한 팔 개고 두 발 발돋움하여 어렵게
뒤집기를 처음 시도하는 아기에게
엄마 아빠 눈웃음 담긴 한 장의 환희
그때로 돌아가지 못하지만
어린 시절 아기는 내 안에 있다
무슨 말을 하려는 것일까
가슴속 말 못 하는 아기가
내게 말을 걸어온다
"괜찮아, 잘할 수 있어"
연초록 나무 그늘에 앉아
맑은 하늘 바라본다

명품길 지나며

지나온 길 돌아보니 내 길은 늦길이었네
한눈팔다 수렁에 빠지고, 늦은 나이 공부에 빠지고
돈 안 되는 좋아하는 일에 빠져 예까지 왔다

복내에서 보성읍 가는 길, 반듯하고 우람한 가로수 펼쳐져
봄에는 햇살 안은 연초록길, 여름에는 시원한 푸른 길
가을에는 갈빛 낭만길, 겨울엔 눈꽃나무 순수길

날마다 이 길 오가며
철 따라 자생하는 자연의 약속에 놀라고
꾸밈없이 친절하게 받아주는 감사의 길

보성에 가면 사계절 단아한 모습으로
탄탄대로 흐르는 강물 같은
메타세쿼이아 명품길 만난다

국지성 호우

때리듯이 비가 와 몸이 아프다
창문을 흐르는 빗줄기 시냇물이다

도서관 북카페에 앉아
차 한 잔 놓고 책들을 바라본다

'너의 내면을 검색하라'
눈에 띄는 책

세찬 빗방울, 방울 방울이 한 권의 책과 같다
누군가의 인생이 울고 있다

지친 하루의 일기

휴무일, 병원 환우들에게 독서치유 강의하고
살짝 금이 가 있는 자동차 유리 갈아 끼고

화순장 들러 먹고 싶었던 동지죽 사 먹고
얼큰한 조림 생각나 목포 갈치 사 들고

휴식을 원하는 차 몰고 시골집 도착하니
빨간 보리수나무 변함없이 반긴다

탐스러운 열매 한 움큼 따 소화제로 먹고 나니
남부러울 게 없는 세상

잠시 피곤을 덜고 싶어 편히 안아주는 소파에 앉아
곤한 잠, 저녁 시간 맞이했다

60살 이후 먼 길 나선 하루의 끝은
타다 남은 열정과 그대로 쓰러짐이다

60대 인문학

반평생을 돌아보니
후회와 반성의 말들이 줄줄이 흘러나온다
흰 구름 노니는 청아한 하늘빛 되어
겸손하지 못한 자만은 이제 떠나라

복잡하고 쓸데없는 마음 끝자락
깊은 산속 바윗돌 지나 흐르는 물처럼 흘려보내고
찻잔에 따른 향기로운 찻물 한 잔 비우며
맑고 자유로운 마음으로 나답게 살아가리라

내 것인 양 움켜쥔 이기심, 부질없는 욕망 버리고
내 안의 고결한 마음 찾아내어
요란하고 경직된 껍데기 같은 집착 벗어나
고유한 나를 믿으며 살아가리라

내 안의 값어치는 숨 쉬는 존재감 그 자체
거짓 없는 따뜻한 가슴 되어
물처럼 노래처럼 흐르는 시를 쓰며
사는 날까지 유연하게 흘러가고 싶다

휴일의 정점

타오르는 볕에 나란한 끈끈이대나물꽃 지치고
옹기종기 채송화 고갤 숙이는 6월 하순
앞집 옆집 아랫집 마당 차량들 나무 그늘 찾고
마을에 놀던 새들도 숲으로 숨어

널브러진 여러 시집 들척이며
키보드로 글을 쓰다 잠시 눈 감았다
창문으로 산 능선 나무 헤아리다
야생차 따다 만든 황차(黃茶)를 따른다

독서치료

위로와 마음 챙김 독서 테라피 강의 후
희고 가느다란 팔에 문신이 보이는 환우
"독서로 마음치유 처음이에요. 치유받았어요."
자기 가슴 문지르며 눈물 보인다

"혼자 있는 시간, 무엇에 집중하는가요?"
"혼자 술을 계속 마시게 돼요. 밤에"

수업 후기
"신독, 한자로 새긴 제 첫 타투입니다. 혼자일 때 더 잘하자 그 생각으로 한 건데, 잊고 지내고 그렇게 살지 못했어요. 부끄럽지만 앞으로는 말씀처럼 저를 귀하게 만들어야겠습니다"

'신독(愼獨)-혼자 있는 시간의 힘' 책 이야기 깨달은 점
"제 삶의 주인은 제가 아니었습니다. 모자란 나도 인정하고 존중하자.
남보다 나를 먼저 보살피고 사랑하자."

내가 나를 잃고 무기력과 손잡을 때
책을 통한 소통은
잠재의식을 깨우는 책 속 한 줄 문장의 힘
상처 난 마음 다독여주는 타종의 메아리,
힘든 마음 쉬게 하는 정자나무 아래 의자가 되어준다

책 속으로 걸어간다

다시 돌아오지 않는 썰물을 보내고
의미 잃은 길을 걷다 니체를 만났다

한 줄기 서광(瑞光)이 비치고
살아야 할 이유를 붙잡던 고뇌의 시간

가난한 살림에도 책을 모아
영혼을 지탱하고 지지한 오천 권의 벗들
길을 잃을 때면 누가 손잡아 이끌어주었던가
떠난 사람은 대답이 없었다

바다로 달려가
파도에 몸을 맡기고 싶던 날들
내 마음 읽고 싶어 독서심리상담을 배웠다

반생을 키워낸 책,
어머니의 품처럼 따스히 안아주는 위안

사계절의 빛과 바람을 일깨운 이정표 따라
나는 오늘도 책 속으로 걸어간다

가야 할 길, 가지 않은 길,
내가 찾는 길을 따라
세월의 물결에 실려
책 속으로 다시 걸어간다

| 작품 해설 |

비의 변증법적 변주

맹문재

1.

  오기화 시인의 작품들에서 비는 중심 제재로 시 세계를 확장하고 심화하는 역할을 한다. 비는 시인의 세계 인식과 감정의 대상이다. 시인은 자신의 생각이나 감정을 비에 투사하거나, 비의 이미지나 형태를 자신에게 불러와 동화한다. 시인은 비의 기운을 갖기도 하고, 비의 고통을 느끼기도 한다. 비의 목소리를 편하게 듣기도 하고, 비의 난폭함에 아파하기도 한다. 비를 상상력뿐만 아니라 일상의 존재로 긍정하거나 부정하면서 운명처럼 껴안는 것이다.

  시인에게 비는 물질적인 존재이면서 정신적인 존재이다. 시인은 비의 현실에 자신의 관념을 넓히고, 비의 관념에 자신의 현실 의식을 심화시킨다. 비의 얼굴에 시간을 비추고, 비의 분위기에 공간을 움직인다. 비의 목소리에 감정을 표출하고, 비의 열정에 시선을 연다. 비의 응시에 결의를 모으고, 비의 속도에 다짐을 싣는다.

시인에게 비는 무겁고도 풍부하고, 회색빛을 띠면서 초록색을 발한다. 애틋하면서도 평온하고, 영원하면서도 계절처럼 변화한다. 축축하면서도 상쾌하고, 허망하면서도 열렬하다. 차가우면서도 따스하고, 거칠면서도 부드럽다. 나아가면서도 휴식을 취하고, 회상하면서도 전망한다. 시각적이면서도 후각적이고, 운명에 순응하면서도 의지와 손을 잡는다.

"우리로 하여금 현실을 열렬히 사랑하게 만드는 것은, 현실에 대한 「인식」(connaissance)이 아니다. 근원적이며 원초적인 가치는 「감정」(sentiment)인 것이다./사람들은 자연을 인식하지도, 보지도 않은 채 다른 곳에서 만들어지는 사랑을 사물들 속에 구상화함으로써 사랑하기 시작한다."[1]

시인은 근원적인 비를 시의 내용으로 채우고, 시의 형식으로 재생한다. 비의 존재를 시의 서정으로 품고, 시의 서사로 만든다. 시의 어휘로 채색하고, 시의 호흡으로 변주한다. 결국 시인은 비를 융합적으로 또는 변증법적으로 인식하며 사랑하는 사람의 시와 삶을 노래하는 것이다.

---

1 가스통 바슐라르, 『물과 꿈』, 이가림 역, 문예출판사, 1980, 164쪽.

2.

  때리듯이 비가 와 몸이 아프다
  창문을 흐르는 빗줄기 시냇물이다

  도서관 북카페에 앉아
  차 한 잔 놓고 책들을 바라본다

  '너의 내면을 검색하라'
  눈에 띄는 책

  세찬 빗방울, 방울 방울이 한 권의 책과 같다
  누군가의 인생이 울고 있다
          ―「국지성 호우」 전문

 위의 작품의 화자는 도서관에서 책을 읽다가 창밖에 내리는 비를 바라보면서 "때리듯이 비가 와 몸이 아프다"라고 느낀다. "창문을 흐르는 빗줄기"를 "시냇물"로 여기기도 한다. 창문에 흐르는 빗줄기의 양이나 빠르기를 흘러가는 시냇물로 여기는데, 두렵고 불안한 마음으로 바라보기 때문에 실제 이상으로 느끼는 것이다. 그만큼 화자는 살아오면서 비를 많이 맞은 것이다.
 화자는 불안한 마음을 다잡으려고 "도서관 북카페에 앉아/ 차 한 잔 놓고 책들을" 찾아본다. 그러다가 "'너의 내면을 검색하라"는 책을 발견한다. 그 책이 화자의 눈에 띈 것은 불안한 마음의 원인이 자신에게 있음을 알기 때문이다. 화자는 자신의 불안한 심리를 극복하기 위해 그 원인에 해당하는 일들을 하나씩 짚어내본다. 그렇지만 그것은 결코 쉬운 일이 아니다. 비록 책이라는 수단을 이용하는 것이라고 하더라도 아픔을 겪지 않을 수 없기 때문이다.

그렇기에 화자는 "세찬 빗방울, 방울 방울이 한 권의 책과 같다"라고 여긴다. 세찬 빗방울 하나하나를 아픔이 들어 있는 책과 같다고 보는 것이다. 화자는 때리는 빗방울을 피할 수 없듯이 책을 통해 자신의 아픔을 완전한 치유할 수 없다고 생각한다. 그리하여 화자는 자기가 처한 상황을 "누군가의 인생이 울고 있"는 모습으로 그린다. 많은 비가 줄기차게 내리는 속에 자신이 들어 있다고 느끼는 것이다.

> 소리 없이 비가 내린다
> 사람들이 듣고 싶은 음악을 연주하는 비
>
> 시골 일터 하우스 지붕 콩 볶는 소리
> 돔 지붕 때리는 소리, 나무 데크에 조용히 앉는
> 비 맞으며 지나가는 새의 신음
>
> 주황 마리골드 위에 앉은 노랑나비
> 코스모스 하릴없이 비에 젖는다

넘실거리던 나뭇잎 춤사위 사라지고

세찬 비가 내린다
촌각을 다투며 달리던 구급차 안
이 세상 손 못 놓던 그런 날

사는 동안 많은 비 맞아
포효하던 시절 훅 갔지만 오랫동안 비는
차갑고 무겁고 너무 어두워
멀리 작은 새가 외로이 비를 맞는다
—「비에 대한 개념」전문

 위의 작품의 화자는 "세찬 비가 내"리는 장면을 "시골 일터 하우스 지붕 콩 볶는 소리"나 "돔 지붕 때리는 소리"로 듣는다. "나무 데크에 조용히 앉는/비 맞으며 지나가는 새의 신음"으로도 듣는다. "주황 마리골드 위에 앉은 노랑나비"나 "코스모스 하릴없이 비에 젖"고, "넘실거리던 나뭇잎 춤사위 사라지"는 장면도 바라본다. 비는 소리 없이 내리지만, 화자는 제법 큰 소리를 내는 존재로 인식하는 것이다.

 화자는 세찬 비가 내리는 장면을 바라보다가 지나간 상황을 떠올린다. 그것은 "촌각을 다투며 달리던 구급차 안"에 있던 사람이 "이 세상 손 못 놓던 그런 날"의 일이었다. 아주 짧은 순간조차 아껴야 하는 긴박한 상황에 놓인 그가 어떻게 되었는지 작품에서 알리고 있지 않지만, 세찬 비를 피하지 못했을 것으로 유추된다. 세찬 비를 나뭇잎이나 코스모스나 나비도 맞을 수밖에 없듯이 인간도 예외일 수 없는 것이다.

화자는 그 같은 경우를 단 한 번 겪은 것이 아니라 "사는 동안 많은 비 맞"았다라고 토로한 데서 볼 수 있듯이 여러 번 겪었다. 화자는 그런 경우로 말미암아 자신의 "포효하던 시절 훅" 가고 말았다고 안타까워한다. 그렇듯이 화자에게 비는 오랫동안 "차갑고 무겁고 너무 어두"운 대상이었다. 비는 화자의 온기를 빼앗았고, 삶의 걸음을 무겁게 했으며, 앞날의 전망을 가렸다.

그렇지만 화자는 "작은 새가" 되어 "외로이 비를 맞"았다. 비를 피하기가 어려웠지만, 피하지도 않았다. 화자는 자포자기의 자세가 아니라 자기를 지키기 위해 비를 맞은 것이었다. 비를 맞지 않을 방법이 그 어디에도 없었기에 막다른 길에 선 심정으로 비를 끌어안았다. 그러면서 화자는 비의 온도와 비의 무게와 비의 빛깔을 알 수 있었다. 비의 운명도 품을 수 있었다. 화자는 자신의 운명을 피하지 않고 기꺼이 감당한 것이다.

> 살다 보면
> 내 잘못이 아닌 자리에서
> 불행이 문을 두드릴 때가 있다
>
> 엄청난 수압처럼 밀려오는 벽
> 남의 허물 쉽게 보면서

자기 허물은 보지 못하는 간격 속에
진실마저 의심하는 사람들 앞에 서면
마음 깊은 고요가 무너져 내린다

상처가 가슴에 스며들면
단단히 쌓은 의지는 휘청이고
열정도 빛을 잃는다
너무 흔들리다 작아진 나는
투명 인간이 되고 싶어진다

짓밟히고 무너진 틈 사이에서
희미하게 들려오는 목소리
"괜찮아, 여기까지 잘 왔잖아"
누구의 기대도 아닌
내 안의 내가 건네는 위로
스스로를 토닥이며 천천히 노를 젓는다

평화는 멀리 있는 게 아니다
넘어선 상처의 벽 뒤
한 줄기 빛이 인도하는 길목에서
나를 기다리고 있다

—「상처를 바라보다」 전문

위의 작품의 화자는 비 오는 날 "살다 보면/내 잘못이 아닌 자리에서/불행이 문을 두드"린 일을 떠올린다. 화자는 "남의 허물 쉽게 보면서/자기 허물은 보지 못하는", 그래서 "진실마저 의심하는 사람들 앞에" 선 경우가 있었다. 화자는 그 상황에서 "마음 깊은 고요가 무너져 내"리는 것을 경험했다. "엄청난 수압처럼 밀려오는 벽" 앞에 선 것이었다.

화자는 그때 상처를 받았는데, "상처가 가슴에 스며들면/단단히 쌓은 의지는 휘청이"는 것을 느꼈다. "열정도 빛을 잃"는 것을 체험했다. "너무 흔들리다 작아진" 화자는 "투명 인간이 되고 싶"다는 생각까지 했다. 그만큼 화자가 겪은 상처는 크고 깊은 것이었다.

그렇지만 화자는 그 상처에 함몰되지 않았다. 자기를 견지하는 자세로 "짓밟히고 무너진 틈 사이에서/희미하게 들려오는 목소리"를 들었다. 그 소리는 다름 아니라 "'괜찮아, 여기까지 잘 왔잖아'"라는 것이었다. "누구의 기대도 아닌/내 안의 내가 건네는 위로"의 말이었는데, 화자는 그 위로와 손을 잡고 "스스로를 토닥이며 천천히 노를" 저었다.

그렇게 견뎌온 화자는 "평화는 멀리 있는 게 아니"라 "넘어선 상처의 벽 뒤,/한 줄기 빛이 인도하는 길목에" 서 있다는 것을 자각했다. 상처를 딛고 나아가면 길 끝에 평화가 "기다리고 있"는 것을 확인했다. 살다가 보면 불쑥 찾아드는 상처가 있어 "그런 날이면 며칠은/살맛도 입맛도 잃고" "몰래 가슴 저리고 눈물이" 났지만, "바닥을 딛고/다시 일어"(「상처가 들어오는 날」)났던 것이다.

3.

> 기와지붕 위로 초연히 비가 오는 아침
> 아담한 시골 마을
> 돌담으로 쌓은 작은 화단에
> 빨간 튤립
> 분홍 꽃잔디
> 주황 철쭉이
> 정이네 어머니 닮아 단정히 피어 있다
> 담장에 기대 오롯이 서 있는
> 세월 담은 감나무
> 곡선 가지의 여운
> 저 멀리 산 능선에 운무가 거닐고
> 나무 꼭대기 새의 둥지가 뚜렷하다
> 조용하고 경계가 없는 마을
> 아랫집 두 집 며칠 주인이 보이지 않는다
> 작은 새 두 마리 나란하다
> 한 마리가 다른 집 감나무로 날아가 앉았다
> ―「비 오는 아침」 전문

  위의 작품의 화자는 "기와지붕 위로 초연히 비가 오는 아침"의 "아담한 시골 마을"을 풍경을 그린다. "돌담으로 쌓은 작은 화단에/빨간 튤립/분홍 꽃잔디/주황 철쭉이/정이네 어머니 닮아 단정히 피어 있"는 것을 먼저 소개한다. "담장에 기대 오롯이 서 있는/세월 담은 감나무"며, 그 감나무에 나 있는 "곡선 가지의 여운"도 보여준다.

화자는 "저 멀리 산 능선에 운무가 거"니는 장면도 바라본다. "나무 꼭대기 새의 둥지가 뚜렷"한 것도 발견한다. 그야말로 "조용하고 경계가 없는 마을"이다. 그렇기에 "아랫집 두 집 며칠 주인이 보이지 않"지만, 이상하게 여겨지거나 걱정되지 않는다. 사람이 있을 때나 없을 때나 이웃의 온기가 변함이 없기 때문이다.

화자가 시선을 감나무로 다시 돌리자 "작은 새 두 마리 나란"한 모습이 보인다. 잠시 뒤 "한 마리가 다른 집 감나무로 날아가 앉"는다. 그 어디를 살펴보아도 비가 오는 날의 아침 풍경이지만, 그지없이 평온하고 평화롭다. "앞산 뿌연 안개 속 마당 웅덩이로 떨어지는/빗물이 한가롭"(「빗소리」)기만 하다.

>   호우주의보가 내린 4월의 금요일
>   복내 장에서 사 온 생조기, 동네 숙이가
>   준 생고사리 꺼내 손질 마친다
>   익숙한 양념으로 조물조물 손맛을 더하고
>   불에 안친다
>
>   아부지가 시골서 제일가는 손맛
>   엄마가 끓여주시던 조기탕을
>   소주잔 곁들여 생각 많은 표정으로 드시는 걸 보았다

음식 까탈스런 남자도 입맛부터 다시던 추억

　　　보글보글 끓인 조기탕을 누군가와 나눠 먹고 싶은데
　　　밖에는 연신 비가 오고, 어디서 들려오는 소리
　　　'그냥 혼자 먹어'

　　　문득 '나 예 두고 어디 갔나' 노래 가사 떠올라
　　　선한 이미지 남자 가수의 노랠 찾아 들으며
　　　눈가 이슬 맺히는 사이 배불리 그릇을 비웠다
　　　　　　　　　　　　　　　　─「두 남자」 전문

　위의 작품의 화자는 "호우주의보가 내린 4월의 금요일/복 내 장에서 사 온 생조기"와 "동네 숙이가/준 생고사리 꺼내 손질 마친" 뒤 "익숙한 양념으로 조물조물 손맛을 더하고/불에 안친다".

　화자는 조기 요리를 하면서 아버지를 떠올린다. "아부지가 시골서 제일가는 손맛"을 내는 "엄마가 끓여주시던 조기탕을/소주잔 곁들여 생각 많은 표정으로 드시는" 모습을 기억하는 것이다. 그런데 화자는 그 조기탕을 생각하면서 또 다른 사람을 떠올린다. 그는 "음식 까탈스런 남자"였는데, 그가 "입맛부터 다시던 추억"을 되살린 것이다.

　화자는 "보글보글 끓인 조기탕을 누군가와 나눠 먹고 싶은데" 함께 나눌 사람이 없다는 것을 새삼 느낀다. 화자의 외로운 마음을 아는지 "밖에는 연신 비가" 내린다. 화자는 수저를 못 들고 있다가 "어디서 들려오는 소리"를 듣는다. 음식에 까탈스럽던 남자가 "'그냥 혼자 먹어'"라고 전하는 것이었다. 남자는 화자와 함께 밥을 먹는 사이이고, 격의 없는 말투로 볼 때 남편 정도로 짐작된다.

  화자는 그의 제안에 따라 혼자 조기탕을 먹기 시작한다. 식사하면서 "문득 '나 예 두고 어디 갔나' 노래 가사 떠올라/선한 이미지 남자 가수의 노랠 찾아" 듣기도 한다. 노래를 들으며 조기탕을 먹다 보니 "눈가 이슬 맺"힌다. 그렇지만 화자는 식사를 그만두지 않고, 꿋꿋하게 "배불리 그릇을 비"운다. 끝내 슬픔에 함몰되지 않고 자기를 지켜낸 것이다.

>여보, 당신이 두고 간 눈물처럼
>비가 와요
>
>첫째 시동생이 피와 눈물과 땀으로 일군
>공장 확장을 기념하기 위해 화성 다녀와요
>당신의 손길처럼 두둑하게 용돈을 챙겨준
>성의에 정말 고마웠어요
>
>뿌옇게 안개가 끼고
>고속도로를 달리는 지금
>저 산, 산 너머 어디선가 당신은
>봄비 시를 쓰고 있겠지요

당신에게 봄비란 무엇일까
나에겐 봄비란
돌아서지 못하는 당신의 발자국이에요
당신이 두고 간 가슴으로 쓴 시예요

여보, 봄비에 너무 젖지 마세요
당신이 위험한 순간에는 늘 비가 내렸어요
―「봄비에 젖지 마세요」 전문

위의 작품의 화자는 "여보, 당신이 두고 간 눈물처럼/비가 와요"라고 봄비가 내리는 날 남편을 부른다. 화자의 상대가 남편이라는 것은 "첫째 시동생이 피와 눈물과 땀으로 일군/공장 확장을 기념하기 위해 화성 다녀"왔다거나, "당신의 손길처럼 두둑하게 용돈을 챙겨준/성의에 정말 고마웠"다는 데서 알 수 있다.

화자는 "뿌옇게 안개가" 낀 "고속도로를 달"려 집으로 돌아오면서 차 안에서 "저 산, 산 너머 어디선가 당신은/봄비 시를 쓰고 있"을 것을 떠올린다. 화자는 자기의 남편이 시를 쓰는 시인이라는 사실을 자연스럽게 알려준다.

화자는 시인인 남편에게 "당신에게 봄비란 무엇일까"라고 묻는다. 그러면서 "나에겐 봄비란/돌아서지 못하는 당신의 발자국"이라고 남편의 대답을 듣기 전에 견해를 밝힌다. 화자는 자기가 한 말이 "당신이 두고 간 가슴으로 쓴 시"라고 부연한다. 당신이 참다운 시를 쓰는 시인이었기에 화자는 당신을 사랑하는 마음으로 시를 쓴다고 토로하는 것이다. 그리하여 화자는 "여보, 봄비에 너무 젖지 마세요"라고 부탁한다. "당신이 위험한 순간에는 늘 비가 내렸어요"라고 위로의 말도 전한다. 화자는 봄비를 바라보며 당신을 향한 사랑의 노래를 부르는 것이다.

4.

>보고픈 시인님, 여기는 땡볕에서
>당신이 좋아하는 꽃이 피고 있어요
>채송화 꽃칸나 마리골드 능소화 백일홍
>무궁화 자귀꽃 백련 달리아
>멀리 떠난 7월 즈음, 무슨 꽃이 피는 줄 몰랐어요
>좋아하는 분홍 향장미 장마철 폭우에
>두 봉오리 시달리더니 아침 햇살에 활짝 피어
>찾는 이 없어 가난한 제 생일을 반기더군요
>
>서재 서랍을 열어보고 깜짝 놀랐어요
>식당에 수저 가져가지 않을게 분노가 치밀면
>잠시 생각해볼게 줄담배 줄이도록 함께 밤새워
>시 쓰지 않을게 간 수치 검사받으러 잘 다닐게
>여러 이유로 쓴 각서가 수북했어요 쪽지 끝마다

'매향 늘 사랑해!' '고마운 마음 잊지 않을게!'
제대로 지켜진 게 없었어요
패션 감각도 엉망이라 말하지 않으면
여름 날씨에 긴팔 니트 티 입고 다녔죠

시골 생활 아버지가 화단에 풀을 베라 하니
국화잎까지 말끔히 잘라놓고, 구둣솔 같은
머리카락은 대쪽 같은 성품을 대변하지요
전구가 고장 나도, 못 박는 일 생길 때도
여린 제가 나서서 할 수밖에
제일 잘하는 건 골방에 들어앉아 원고지에 글쓰기
이 저녁, 엄지와 중지 사이 담배를 꼬나물고
시 쓰기에 여념이 없겠지요

하늬 시인의 부재는 나의 길고 긴 한숨
모쪼록 머무는 곳 몸조심하고 평안하시길 기도해요
살면서 힘들고 큰일이 있을 때마다 당신을 느껴요
안녕, 생각하면 눈물 나는 내 사랑!
　　　　　　　　　　　　　　—「안녕, 하늬 시인」 전문

위의 작품에서 화자는 "보고픈 시인님, 여기는 땡볕에서/당신이 좋아하는 꽃이 피고 있어요"라고 꽃소식을 전한다. "채송화 꽃간나 마리골드 능소화 백일홍/무궁화 자귀꽃 백련 달리아"도 피어 있다고 알린다. 화자는 시인이 "멀리 떠난 7월 즈음, 무슨 꽃이 피는 줄 몰랐"다고 고백한다. 시인이 이 세상에 있을 때는 몰랐는데, 당신이 곁을 떠난 뒤 꽃이 눈에 들어온다고 밝히는 것이다.

화자는 시인에 대한 그리움으로 당신의 "서재 서랍을 열어보고 깜짝 놀"란다. "식당에 수저 가져가지 않을게 분노가 치밀면/잠시 생각해볼게 줄담배 줄이도록 할게 밤새워/시 쓰지 않을게 간 수치 검사받으러 잘 다닐게" 등으로 아내의 당부를 지키려고 최선을 다한 시인의 마음을 읽었기 때문이다. 또한 시인이 각서의 끝마다 "'매향 늘 사랑해!' '고마운 마음 잊지 않을게!'"라고 고백했기 때문이다. 시인의 생전에 "제대로 지켜진 게 없었"지만 아내에 대한 진심은 분명한 것이었다.

화자는 시인이 생활인으로는 어설펐지만, 시인으로서의 삶은 인정한다. 가령 "시골 생활 아버지가 화단에 풀을 베라 하니/국화잎까지 말끔히 잘라놓"을 정도로 일에 어설펐다. "전구가 고장 나도, 못 박는 일이 생길 때도" 시인은 제대로 하지 못했다. 그래도 "구둣솔 같은/머리카락은 대쪽 같은 성품을 대변하"였는데, 시인은 그 성품으로 "제일 잘하는 건 골방에 들어앉아 원고지에 글쓰기"였다. 따라서 하늘나라에서도 시인은 "이 저녁, 엄지와 중지 사이 담배를 꼬나물고/시 쓰기에 여념이 없"을 것이라고 화자는 믿는다. 화자가 부르는 "하늬 시인"은, 곧 김하늬 시인이다.

김하늬 시인은 1957년 광주 출생으로 본명은 김종기(金宗起)

이다.[2] 그는 1979년 스물두 살에 첫 시집 『우리는 만나야 한다』(현대문화사)를 간행할 정도로 열정적이었다. 다양한 실험을 추구한 시 형식뿐만 아니라 표제작에서 볼 수 있듯이 남북 분단을 극복하려는 의지를 내보였다. 유신체제로 인한 엄혹한 정치 상황이었기에 엄두도 못 낼 주제를 시인은 "그 무슨 일이 있더라도//우리는 만나야 한다"(「우리는 만나야 한다」)라고 제시하면서, "너희들만 자기냐/그냥 자기냐"(「한여름 밤에 일어난 데모」)라고 강한 실천 행동을 촉구했다.

시인은 첫 시집을 간행한 뒤 가족과 함께 서울로 이사해서 포장마차, 행상 등을 하며 비참한 도시 빈민의 삶을 영위하는데, 가난하고 피곤한 삶 속에서도 시 쓰기를 계속해서 1980년 두 번째 시집 『안개주의보』(호남문화사)를 발간한다. 시인은 표제작에서 "이 땅에 날던 새들이 가장 많이 행방불명/시켰던 안개"라고 나타냈듯이 은평구 수색동에서의 힘든 삶과 불투명한 정치 사회 상황을 반영했다. 시인은 제5시집 『흥부타령』에서 수색동의 삶을 "말도 말지어다/그것은 차라리 지옥과도/같았나니"(「수색 시절」)라고 그리기도 했다.

시인이 『안개주의보』를 간행한 지 두 달 만인 1980년 5월 광주민중항쟁이 일어난다. 시인은 신군부가 공수부대를 파견

---

[2] 김하늬 시인의 연보는 김남주의 「현실과의 대결 의지와 저항 의식의 투철함」, (김하늬 시집, 『희망론』, 자유사상사, 1991, 125~133쪽)을 참조함.

해 광주 시민들을 학살한 소문을 듣고, 불의에 항거하다가 희생된 시민들에 대한 죄의식으로 몸부림치고 울부짖는다. 그리하여 최소한의 행동이라도 해야겠다는 다짐으로 신군부의 야만적인 학살을 폭로하고 광주 시민들의 저항을 노래하고자 수색 근처의 인쇄소에서 유인물을 만들어 살포하려고 했다. 그렇지만 신군부는 신문사나 방송국 같은 대중매체 기관을 장악하고 있었고, 인쇄소 등에도 감시 체제를 가동하고 있었기 때문에 시인의 계획은 좌절되고 만다. 시인은 계엄사령부로 연행되어 일주일 동안 혹독한 심문을 받은 뒤 훈방 조치로 풀려난다.

시인은 그 일로 인한 중압감을 이기지 못하고 서울 생활을 청산하고 광주로 돌아갔다. 그 어떤 선택의 여지가 없었다. 시인은 광주에서 정력적으로 시를 쓰고 시운동을 해나갔다. 시 낭송회나 시화전 등을 통해 신군부의 시민 학살을 고발하면서 광주민중항쟁의 의의를 대중에게 알리는 운동을 전개했다. 그 과정에서 많은 갈등과 좌절을 겪었고 건강을 잃기도 했지만, 시인은 역사적 운동을 위해 몸부림쳤다. 그와 같은 활동의 산물이 세 번째 시집 『오후의 외출』(현대문화사, 1981)이었다.

시인은 시집을 간행한 뒤 1982년 3월 '광주 민주항쟁 제2주기 기념 문학 행사의 밤'을 갖기로 계획한다. 그렇지만 그 행사 역시 실패로 끝났고, 국가보안법 위반 혐의로 투옥까지 되었다. 사건의 배후조종자로 심문을 받고 갖가지 고문을 당한 뒤 4월 8일 자생적 공산주의자로 낙인찍혀 징역 2년을 선고받고 광주교도소에 수감된 것이다. 시인은 감옥 안에서도 투쟁을 멈추지 않았다. 광주교도소에 수감되어 있던 기종도, 박관현, 조봉훈, 신영일, 임낙평 등과 함께 교도소의 반인권적인 처우에 단식으로서 대항했다. 그 저항으로 박관현은 옥사했고, 신영일은 출소한 뒤 육체적 고통을 이기지 못하고 사망했다. 시인은 두 동지의 죽음에 큰 충격을 받았다.

  시인의 충격은 감옥에서 만기 출소할 때까지 치유되지 않았다. 자유인의 신분이 된 뒤에도 사회안전법의 보호관찰 대상자가 되어 고통을 겪었다. 그렇지만 시인은 투쟁을 멈추지 않았고 김해화, 김기홍, 오봉옥 등과 '해방시' 동인을 결성했다. 현실을 좀 더 폭넓게 이해했고, 투쟁하는 방식도 개체가 아니라 공동 연대가 필요하다는 것을 자각했다. 그 무렵 시인은 국문학을 전공한 여성과 결혼했다. 1986년 1월에 간행된 『1986년판 세계 시집』(을지출판공사)에 아내를 제목으로 쓴 시를 수록했는데, "그대가 있지 않는 곳에서 내 홀로 살아/무엇하리"(「오혜숙」)라고 노래할 정도로 애정을 보였다. 같은 해 3월 네 번째 시집 『하늬바람』(사사연)과, 5월 동인지 『아, 그날의 꽃잎처럼』(사사연)을 간행했다. "오월이 오면/나는 서둘러야겠다//우리들의 눈부신 반란을/위해"(「오월이 오면」)라고 투쟁 의지를 불태웠다. 신학대학에 진학해 신학 공부도 했다.

시인은 옥고의 후유증으로 오래 서 있지 못했고, 오래 걷지도 못했다. 만성간염으로 병원도 전전했다. 시인은 그 힘든 생활을 하면서도 창작의 열정을 불태워 1988년 다섯 번째 시집 『흥부타령』(오상출판사)을 간행했다. 사회적으로 소외를 겪는 민중들의 빈곤을 극복하려는 저항의 목소리를 내었다. "네놈들은 몰라/눈보라 몰아치는 추운 겨울날/담요 하나 덮지 않고 잠이 드는 네 이웃들을"(「흥부타령」), "나를 죽이고 가마/너희들 곁으로 뒤따라 가마"(「망월동으로 가는 길」)라고 분투한 것이다. 결혼식 기념으로 부부시집 『그대에게 바치는 나의 노래』도 간행했다.

시인은 1991년 여섯 번째 시집 『희망론』(자유사상사)을 간행했다. "우리들 가슴속에 언제나 반짝이는/저 오월의 찬란한 별이/되었습니다"(「관현 형님, 아아 박관현 형님」)라고 1982년 내란 중요 임무 종사 혐의로 기소되어 징역 5년을 선고받고 광주교도소에 수감되었다가 옥사한 박관현 열사를 애도하며, "우리를 캄캄한 어둠 속에서도 지켜주는 희망이여!"(「희망론」)라고 역사의 전망을 노래했다.

시인은 1992년 일곱 번째 시집 『도시 빈민의 노래』(두손)를 간행했는데, 도시 빈민의 삶을 70편의 연작시로 쓴 것이었다. "그대가 살아 숨 쉬고 있는 한/우리들은 언제나 가난하고 슬픈 백성들이다"(「도시 빈민의 노래 30」)라고 가난한 사람들을 더욱 힘들게 만드는 자본주의 체제를 비판하면서, "형제들이여, 혁명을 완수하기 위하여 우리들/혁명의 길로 가자!"(「도시 빈민의 노래 30」)라고 극복의 길을 결의했다.

 시인은 1995년 여덟 번째 시집이자 마지막 시집인 『아직도 내 가슴은』(정금)을 간행했다. "병력이 깊은 나머지 좀처럼 회복이 될 기미를 보이지 않고 있는 듯합니다 거기다가 기력마저 쇠잔하여 일체의 거동도 하지 못한 채 식음도 전폐하다시피 하고 있습니다"(「병상일기」)라고 고문 후유증으로 인한 육체적 고통을 눈물겹게 그렸다. 그러면서 지난 시절 민주화 운동을 함께했던 동지를 생각하며 "아, 나는 그대 떠난 세상에서 결코/혼자 살고 싶지가 않습니다!"(「아직도 내 가슴은」)라고 강한 연대감을 노래했다. 그 무렵 시인은 환경 문제를 문학적으로 수용하기 위해 '녹색시' 동인을 결성하고 동인지 『우리는 핵 없는 세상에서 살고 싶다』(정금, 1994)도 간행했다.

5.

  참을 수 없었던 고뇌의 시절이
  지나고 보니 그 시간은
  인내의 꽃으로 고귀했습니다
  사랑하는 이를 만나러 갑니다
  언제나 가는 길이 쉽지 않지만

마음 담은 꽃바구니 만들어 앞에 놓습니다
깊은 번뇌와 통증 안고 차마 떠나지 못해
눈물 보이던 모습 가슴에 묻고
천둥 치고 비가 쏟고 밝은 하늘 보이는 이상한 날
노란 농막 한쪽에 자리 잡고 앉아
남기고 간 시를 덤덤히 읽습니다
잘 듣고 있는 노래가 시간에 맞춰 끝나버리는
아쉬움 없는 휴일, 자유롭고 차분합니다
당신은 참으로 대단한 사람이었지요
날밤 지새우며 담배 연기 자욱한 곳에서
꿈쩍도 않고 시를 썼으니 말입니다
이른 아침 방문을 열면
하얀 담배 연기 구름처럼 모여 있고
밤새 써놓은 시를 읽어주며 어떠냐고 물었지요
'그냥 그래요' 말했다간 서재에서 나오지 않을까 봐
'아주 좋아요' 연발하며 안아주었죠
그런 당신, 지금 어디서 또
밤을 지새우며 시를 쓰고 계신가요
시 쓰기가 삶의 의미이자 희망으로
당신답게 사는 일이었어요

—「시인의 시간」 전문

위의 작품의 화자는 비에 젖은 시간을 떠올리며 "참을 수 없었던 고뇌의 시절이/지나고 보니 그 시간은/인내의 꽃으로 고귀했"다고 토로한다. 화자의 이 말에는 자신이 겪었던 슬픔이나 아픔이 시간이 지나니 자연스레 줄어들었다거나 사라진 것이 아니라, 이루 말할 수 없는 극복의 노력이 들어 있음을 알려준다.

화자의 그 한 가지 예가 "사랑하는 이를 만나러" 가는 모습이다. 화자에게 그 일은 "언제나 가는 길이 쉽지 않"다고 밝히고 있듯이 기쁘고 즐겁지만은 않다. 그렇지만 화자는 포기하지 않고 "마음 담은 꽃바구니 만들어 앞에 놓"는다. 아울러 "깊은 번뇌와 통증 안고 차마 떠나지 못해/눈물 보이던 모습 가슴에 묻"는다. 또한 "노란 농막 한쪽에 자리 잡고 앉아/남기고 간 시를 덤덤히 읽"는다. 화자가 사랑하는 사람의 시를 읽는 날은 "잘 듣고 있는 노래가 시간에 맞춰 끝나버리는/아쉬움 없는 휴일"이다. "자유롭고 차분"한 날이기도 하다.

화자는 사랑하는 사람이 쓴 시를 읽으면서 "당신은 참으로 대단한 사람이었"다고 생각한다. "날밤 지새우며 담배 연기 자욱한 곳에서/꿈쩍도 않고 시를 썼으니" 그렇다고 말한다. 그런 날 화자가 "이른 아침 방문을 열면/하얀 담배 연기 구름처럼 모여 있"는데, 그 방에서 당신은 "밤새 써놓은 시를 읽어주며 어떠냐고 물었"다. 그럴 때면 화자는 "'아주 좋아요' 연발하며 안아주었"다. 그렇지 않고 "'그냥 그래요' 말했다간 서재에서 나오지 않을까봐" 걱정이 되었기 때문이다. 화자는 그때를 추억하며 "그런 당신, 지금 어디서 또/밤을 지새우며 시를 쓰고 계신가요"라고 묻는다. 화자는 당신은 저세상에서도 분명 시를 쓸 것이라고 믿는다.

화자가 이 세상을 떠난 시인을 그리워하며 그의 시를 읽은 날은 "천둥 치고 비가 쏟고 밝은 하늘 보"일 정도로 날씨의 변동이 심했다. 화자의 복잡한 마음도 마찬가지였다. 화자는 당신에 대한 그리움을 비에 투사했다. 비와 동화되어 당신의 고통을 느끼기도 했다. 그러면서 "시 쓰기가 삶의 의미이자 희망으로/당신답게 사는 일이었"다고 인정했다. 결국 화자는 비에 대한 변증법적인 변주를 통해 당신에게 사랑하는 마음을 전한 것이다. "노란 농막 한쪽에 자리 잡고 앉아" 당신이 "남기고 간 시를 덤덤히 읽"는 화자의 모습은 아프고, 아름답고, 그리고 사랑처럼 위대하다.

孟文在 | 문학평론가 · 안양대 교수

푸른사상 시선

1. **광장으로 가는 길** | 이은봉·맹문재 엮음
2. **오두막 황제** | 조재훈
3. **첫눈 아침** | 이은봉
4. **어쩌다가 도둑이 되었나요** | 이봉형
5. **귀뚜라미 생포 작전** | 정원도
6. **파랑도에 빠지다** | 심인숙
7. **지붕의 등뼈** | 박승민
8. **살찐 슬픔으로 돌아다니다** | 송유미
9. **나를 두고 왔다** | 신승우
10. **거룩한 그물** | 조항록
11. **어둠의 얼굴** | 김석환
12. **영화처럼** | 최희철
13. **나는 너를 닮고** | 이선형
14. **철새의 일인칭** | 서상규
15. **죽은 물푸레나무에 대한 기억** | 권진희
16. **봄에 덧나다** | 조혜영
17. **무인 등대에서 휘파람** | 심창만
18. **물결무늬 손뼈 화석** | 이종섶
19. **맨드라미 꽃눈** | 김화정
20. **그때 나는 학교에 있었다** | 박영희
21. **달함지** | 이종수
22. **수선집 근처** | 전다형
23. **족보** | 이한걸
24. **부평 4공단 여공** | 정세훈
25. **음표들의 집** | 최기순
26. **나는 지금 운전 중** | 윤석산
27. **카페, 가난한 비** | 박석준
28. **아내의 수사법** | 권혁소
29. **그리움에는 바퀴가 달려 있다** | 김광렬
30. **올랜도 간다** | 한혜영
31. **오래된 숯가마** | 홍성운
32. **엄마, 엄마들** | 성향숙
33. **기룬 어린 양들** | 맹문재
34. **반국 노래자랑** | 정춘근
35. **여우비 간다** | 정진경
36. **목련 미용실** | 이순주
37. **세상을 박음질하다** | 정연홍
38. **나는 지금 외출 중** | 문영규
39. **안녕, 딜레마** | 정운희
40. **미안하다** | 육봉수
41. **엄마의 연애** | 유희주
42. **외포리의 갈매기** | 강 민
43. **기차 아래 사랑법** | 박관서
44. **괜찮아** | 최은묵
45. **우리집에 왜 왔니?** | 박미라
46. **달팽이 뿔** | 김준태
47. **세온도를 그리다** | 정선호
48. **너덜겅 편지** | 김 완
49. **찬란한 봄날** | 김유섭
50. **웃기는 짬뽕** | 신미균
51. **일인분이 일인분에게** | 김은정
52. **진뫼로 간다** | 김도수
53. **터무니 있다** | 오승철
54. **바람의 구문론** | 이종섶
55. **나는 나의 어머니가 되어** | 고현혜
56. **천만년이 내린다** | 유승도
57. **우포늪** | 손남숙
58. **봄들에서** | 정일남
59. **사람이나 꽃이나** | 채상근
60. **서리꽃은 왜 유리창에 피는가** | 임 윤
61. **마당 깊은 꽃집** | 이주희
62. **모래 마을에서** | 김광렬
63. **나는 소금쟁이다** | 조계숙
64. **역사를 외다** | 윤기묵
65. **돌의 연가** | 김석환
66. **숲 거울** | 차옥혜
67. **마네킹도 옷을 갈아입는다** | 정대호
68. **별자리** | 박경조
69. **눈물도 때로는 희망** | 조선남
70. **슬픈 레미콘** | 조 원
71. **여기 아닌 곳** | 조항록
72. **고래는 왜 강에서 죽었을까** | 제리안
73. **한생을 톡 토톡** | 공혜경
74. **고갯길의 신화** | 김종상
75. **고개 숙인 모든 것** | 박노식
76. **너를 놓치다** | 정일관
77. **눈 뜨는 달력** | 김 선
78. **거꾸로 서서 생각합니다** | 송정섭

79 시절을 털다 | 김금희
80 발에 차이는 돌도 경전이다 | 김윤현
81 성규의 집 | 정진남
82 번함 공원에서 점을 보다 | 정선호
83 내일은 무지개 | 김광렬
84 빗방울 화석 | 원종태
85 동백꽃 편지 | 김종숙
86 달의 알리바이 | 김춘남
87 사랑할 게 딱 하나만 있어라 | 김형미
88 건너가는 시간 | 김황흠
89 호박꽃 엄마 | 유순예
90 아버지의 귀 | 박원희
91 금왕을 찾아가며 | 전병호
92 그대도 내겐 바람이다 | 임미리
93 불가능을 검색한다 | 이인호
94 너를 사랑하는 힘 | 안효희
95 늦게나마 고마웠습니다 | 이은래
96 버릴까 | 홍성운
97 사막의 사랑 | 강계순
98 베트남, 내가 두고 온 나라 | 김태수
99 다시 첫사랑을 노래하다 | 신동원
100 즐거운 광장 | 백무산·맹문재 엮음
101 피어라 모든 시냥 | 김자흔
102 염소와 꽃잎 | 유진택
103 소란이 환하다 | 유희주
104 생리대 사회학 | 안준철
105 동태 | 박상화
106 새벽에 깨어 | 여국현
107 씨앗의 노래 | 차옥혜
108 한 잎 | 권정수
109 촛불을 든 아들에게 | 김창규
110 얼굴, 잘 모르겠네 | 이복자
111 너도꽃나무 | 김미선
112 공중에 갇히다 | 김덕근
113 새점을 치는 저녁 | 주영국
114 노을의 시 | 권서각
115 가로수의 수학 시간 | 오새미
116 염소가 아니어서 다행이야 | 성향숙
117 마지막 버스에서 | 허윤설
118 장생포에서 | 황주경
119 흰 말채나무의 시간 | 최기순
120 을의 소심함에 대한 옹호 | 김민휴
121 격렬한 대화 | 강태승
122 시인은 무엇으로 사는가 | 강세환
123 연두는 모른다 | 조규남
124 시간의 색깔은 자신이 지향하는 빛깔로 간다 | 박석준
125 뼈의 노래 | 김기홍
126 가끔은 길이 없어도 가야 할 때가 있다 | 정대호
127 중심은 비어 있었다 | 조성웅
128 꽃나무가 중얼거렸다 | 신준수
129 헬리패드에 서서 | 김용아
130 유랑하는 달팽이 | 이기헌
131 수제비 먹으러 가자는 말 | 이명윤
132 단풍 콩잎 가족 | 이 철
133 먼 길을 돌아왔네 | 서숙희
134 새의 식사 | 김옥숙
135 사북 골목에서 | 맹문재
136 왜 네가 아니면 전부가 아닌지 | 정운희
137 멸종위기종 | 원종태
138 프엉꽃이 데려온 여름 | 박경자
139 물소의 춤 | 강현숙
140 목포, 에말이요 | 최기종
141 식물성 구체시 | 고 원
142 꼬치 아파 | 윤임수
143 아득한 집 | 김정원
144 여기가 막장이다 | 정연수
145 곡선을 기르다 | 오새미
146 사랑이 가끔 나를 애인이라고 부른다 | 서화성
147 더글러스 퍼 널빤지에게 | 백수인
148 나는 누구의 바깥에 서 있는 걸까 | 박은주
149 풀이라서 다행이다 | 한영희
150 가슴을 재다 | 박설희
151 나무에 기대다 | 안준철
152 속삭거려도 다 알아 | 유순예
153 중딩들 | 이봉환
154 수평은 동무가 참 많다 | 김정원
155 황금 언덕의 시 | 김은정
156 고요한 세계 | 유국환
157 마스카라 지운 초승달 | 권위상
158 수궁가 한 대목처럼 | 장우원
159 목련 그늘 | 조용환

160 그대라면, 무슨 부탁부터 하겠는가 | 박경조
161 동행 | 박시교
162 광부의 하늘이 무너졌다 | 성희직
163 천년에 아흔아홉 번 | 김려원
164 이별 후에 동네 한 바퀴 | 이인호
165 무릉별유천지 사람들 | 이애리
166 오늘의 지층 | 조숙향
167 오른쪽 주머니에 사탕 있는 남자 찾기 | 김임선
168 소리들 | 정 온
169 울음의 기원 | 강태승
170 눈 맑은 낙타를 만났다 | 함진원
171 도살된 황소를 위한 기도 | 김옥성
172 그날의 빨강 | 신수옥
173 의지와 표상으로서의 세계이니 | 박석준
174 촛불 하나가 등대처럼 | 윤기묵
175 목을 꺾어 슬픔을 죽이다 | 김이하
176 미시령 | 김 림
177 소나무 방정식 | 오새미
178 골목 수집가 | 추필숙
179 지워진 길 | 임 윤
180 달이 파먹다 남은 밤은 캄캄하다 | 조미희
181 꽃도 서성일 시간이 필요하다 | 안준철
182 안산행 열차를 기다린다 | 박봉규
183 읽기 쉬운 마음 | 박병란
184 그림자를 옮기는 시간 | 이미화
185 햇볕 그 햇볕 | 황성용
186 내가 지켜내려 했던 것들이 나를 지키고 | 김용아
187 신을 잃어버렸어요 | 이성혜
188 웃음과 울음 사이 | 윤재훈
189 그 길이 불편하다 | 조혜영
190 귤과 달과 오토록 많은 날들 속에서 | 홍순영
191 버려진 말들 사이를 걷다 | 봉윤숙
192 나는 그를 지우지 못한다 | 정원도
193 시인 안에 북적이는 찌꺼기들 | 최일화
194 세렝게티의 자비 | 전해윤
195 고양이의 저녁 | 박원희
196 고요한 세상의 쓸쓸함은 물밑 한 뼘 어디쯤일까 | 금시아
197 순포라는 당신 | 이애리
198 고요한 노동 | 정세훈
199 별 | 정일관
200 시간의 색깔은 꽃나무처럼 환하다 | 백무산·맹문재 엮음
201 꽃에 쏘였다 | 이혜순
202 우수와 오수 사이 | 이 윤
203 열렬한 심혈관 | 양선주
204 머문 날들이 많았다 | 박현우
205 죄의 바탕과 바닥 | 강태승
206 곰팡이도 꽃이다 | 윤기묵
207 지팡이는 자꾸만 아버지를 껴입어 | 이혜민
208 진뫼 오리길 | 김도수
209 연하리를 닮다 | 정유경
210 체위에 관한 질문 | 박미현
211 고 씨의 평미레 | 이주희
212 숲속 헌책방에서 | 강최현숙
213 부서지는 방식 | 이지우
214 등 속의 집 | 송기흥
215 구름 사내 | 주영국

개미는 노동으로 외로운 문을 연다

오기화 시집